LA VIE ILLUSTRÉE

DE

SAINT IGNACE

Fondateur de la Compagnie de Jésus

ACCOMPAGNÉE D'UNE

NEUVAINE DE MÉDITATIONS

PAR LE

R. P. ÉTIENNE DE LA CROIX

**Dernier Provincial de la Compagnie en France
avant sa suppression**

SIGNATVS

ABBEVILLE

IMPRIMERIE C. PAILLART

—

1885

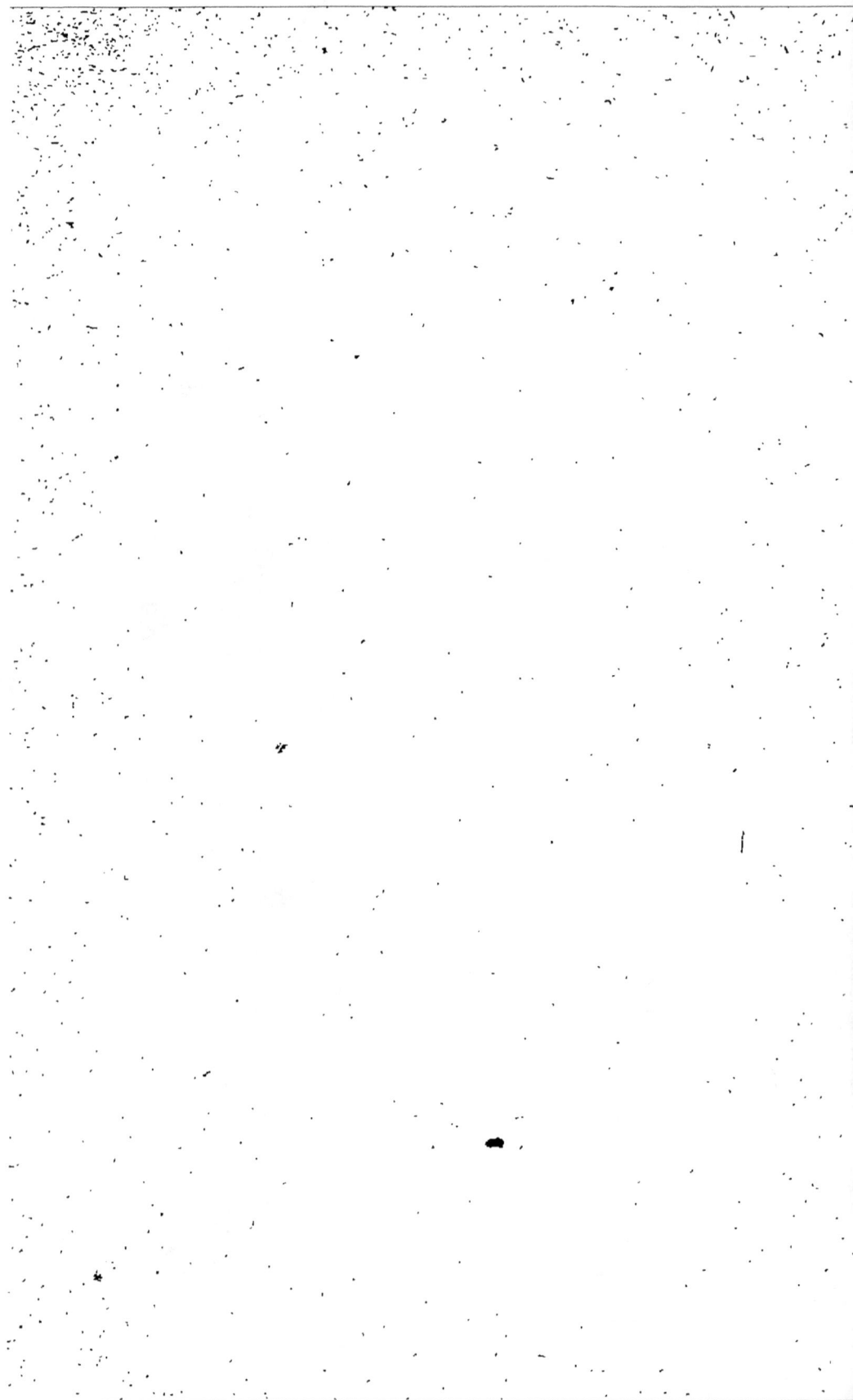

NEUVAINE DE MÉDITATIONS

PAR LE R. P. ÉTIENNE DE LA CROIX

PREMIER JOUR

MÉDITATION

La pénitence de saint Ignace

La pénitence de saint Ignace fut sincère, rigoureuse, et continuée depuis le moment de sa conversion jusqu'au dernier soupir.

1° *La sincérité de sa pénitence.* — Le sujet de ses remords était l'excessif amour qu'il avait eu pour le monde. Il rompit complétement avec lui : biens, parents, amis, tout est sacrifié; il quitte même son habit de cavalier pour le donner en échange de l'habit d'un pauvre. Il affecte l'air le plus négligé, le plus propre à blesser la délicatesse des mondains, à qui il avait affecté de plaire. La confession générale, qu'il fait pour purifier sa conscience, est des plus exactes, et accompagnée d'un torrent de larmes. Telle est la sincérité de sa pénitence.

2° *La rigueur de sa pénitence.* — En voici la rigueur : Après sa confession, il se retire dans la caverne de Man-

In obsidione Pampelopensi proelier vulnerator.

5. Petrus visitat et sanat decumbentem.

Vitas sanctorum legens ad Deum convertitur.

Noctu vigilantem B. V.
Maria invisit.

Dum se offert Deo
repente domus concutitur.

Mundo et cognationi
Valedicit.

rèse, d'où il ne sort que pour aller mendier un peu de pain, qui est sa seule nourriture, et à quoi il a soin de mêler de la cendre. Là, n'ayant que Dieu pour témoin, il se punit de tous les péchés dont il se croit coupable. Son jeûne est continuel ; il se couvre d'un rude cilice, se livre à des austérités dont l'idée seule fait frémir la nature, et joint à tout cela sept heures d'oraison par jour. Dix mois se passèrent dans ces pénibles exercices, et il fallut que le confesseur du pénitent en modérât la rigueur.

3° *La continuité de sa pénitence.* — Si la pénitence d'Ignace ne fut pas toujours également rigoureuse, du moins elle fut continuée jusqu'au dernier soupir. Toute sa vie était une mort continuelle, disent ses historiens. Son abstinence était si grande, que ceux qui l'observaient de près ne concevaient pas comment il pouvait subsister, et suffire aux fatigues excessives auxquelles il était toujours exposé. Il pratiquait à la lettre ce qu'il conseillait aux autres, c'est-à-dire, qu'il cherchait partout la plus grande abnégation de soi-même ; et, autant qu'il était possible, une continuelle mortification en toutes choses.

Réflexions : 1. — J'ai péché ; ma pénitence a-t-elle eu la sincérité de celle de saint Ignace ? Ai-je renoncé à ce qui avait fait la matière et l'objet de mes péchés ? Suis-je moins esclave du monde, moins attaché à moi-même, moins ardent à chercher mes aises et mes commodités ?

2. — En fais-je assez pour venger la justice divine, que j'ai si souvent offensée ? Au tribunal de cette justice, que répondrai-je à la rigueur de la pénitence de saint Ignace qu'on m'opposera ? La pénitence est-elle jamais sincère, sans être rigoureuse ? Le corps est-il changé, quand on ménage le corps à l'excès ?

Mauram insultantem B. Virgini persequitur.

3. — Saint Ignace ne crut jamais en avoir assez fait pour expier les péchés d'une jeunesse aveuglée par l'esprit du monde, et je me tranquillise sur quelques actes passagers d'une pénitence superficielle. Toute la vie chrétienne doit, selon le saint Concile de Trente, être une continuelle pénitence. La vie d'un pécheur en doit-elle être jamais exempte ?

B. Virgini se consecrat voto castitatis.

PRIÈRE. — Donnez-moi, Seigneur, l'esprit de pénitence que vous donnâtes à saint Ignace ; et que, par votre grâce, la pénitence qui servira de remède à mes péchés passés, me serve aussi de préservatif pour l'avenir. Ainsi soit-il.

Coram altari B. Virginis sacras vigilias excubat.

SECOND JOUR

MÉDITATION

L'amour de saint Ignace pour les souffrances

On aime une chose qu'on désire, quand on ne l'a pas; qu'on reçoit avec joie, quand elle vient; qu'on estime comme une source de bonheur et de gloire. Telles furent les dispositions de saint Ignace à l'égard des souffrances.

1º *Le désir des souffrances.* — C'était l'animer à une entreprise que de lui représenter qu'il y aurait beaucoup à souffrir. S'il parut quelquefois triste, ce fut lorsqu'il n'y avait point d'orage, ou sur sa personne ou sur sa Compagnie. Il avait coutume de dire : « Si Dieu vous donne beaucoup à souffrir, c'est une marque qu'il veut faire de vous un grand saint; et si vous désirez qu'il fasse de vous un grand saint, priez-le ardemment de vous donner beaucoup à souffrir. »

2º *La réception des souffrances.* — On accuse faussement Ignace à Alcala d'enseigner des hérésies, et il y est jeté dans les fers; c'est alors

Grand dœmones apparent sub specie serpentum.

Minoressæ inter turbam pauperum vivit.

Horas septenas persistit orans et se flagellans.

qu'on voit comment il reçoit les souffrances. Sa joie est un spectacle qui attire à la prison une foule de personnes de toute condition. Jamais il ne parut plus content, jamais il ne parla de Dieu avec plus de force, de grâce et d'onction. Un célèbre professeur, qui s'était joint à la multitude, fut si enchanté, qu'il oublia l'heure de sa leçon, et que, au sortir du discours qu'il avait entendu, il s'écriait partout : « J'ai vu Paul dans les fers. »

3° L'estime des souffrances. — Ignace avait appris à Manrèse à estimer les souffrances. Il avait puisé cette estime dans la méditation qu'il appelle *des deux étendards*, et où il s'était représenté, d'un côté Jésus-Christ proposant à ceux qui voudront le suivre l'humiliation, les opprobres, la pauvreté, tout ce qui peut faire souffrir ; et leur déclarant que, dans ces états, ils le verront toujours à leur tête ; de l'autre côté, Lucifer promettant à ceux qu'il s'efforce d'attacher à son parti, les plaisirs, les honneurs, les richesses, tout ce qui peut flatter l'orgueil et l'amour-propre. La différence de ces deux chefs et des moyens qu'ils emploient lui avait fait comprendre que les souffrances sont les livrées de Jésus-Christ, le gage de la prédes-

Ad vincendos scrupulos septem dies jejunat.

Miram de Sanctissima Trinitate visionem habet.

In sacrosancta hostia Christum cernit praesentem.

tination, le sceau des élus ; par con-
séquent, des marques d'honneur et
de gloire. C'est ainsi qu'il les regardait, et qu'il voulait qu'elles fussent
regardées par ses enfants.

Réflexions. 1. — Oh ! que je suis
éloigné de la manière de penser de
saint Ignace sur les souffrances ! Je
les redoute, je ne les envisage
qu'avec horreur. Est-ce le moyen de
les éviter ? Plus on les craint, plus
on en trouve et plus elles sont acca-
blantes. Elles perdent en quelque
sorte leur amertume pour le juste
qui les a désirées.

2. — Saint Ignace se réjouit quand
il y a quelques choses à souffrir. Et
moi je m'afflige, je me laisse abattre,
quand il survient un contre-temps,
un sujet d'affliction. Je me plains,
j'en viens jusqu'à murmurer, au
moins en secret, contre la Providence ; et, en souffrant en cette vie,
je prépare une matière de souffrances
plus rigoureuses pour la vie future.

3. — Saint Ignace se trompait-il
donc, lorsqu'il estimait les souffrances comme des marques d'honneur et de gloire ? Jésus-Christ ne
les a-t-il pas consacrées dans sa personne ? Serai-je jamais glorifié avec
lui dans le Ciel, si je ne veux pas
souffrir avec lui sur la terre ?

PRIÈRE. — Ah ! Seigneur, faites

Septem dies in ruptu mentis persistit.

Multam rerum divinarum cognitionem accipit.

Profecturus in Italiam pecuniam in fluos abiicit.

moi connaître le prix des souffrances. Si je n'en viens pas jusqu'à les désirer et à m'en réjouir, du moins que je commence à les estimer, à les recevoir avec soumission à votre sainte volonté, et à les soutenir avec une patience qui me les rende utiles. C'est la grâce que je vous demande, par l'intercession de saint Ignace et par les mérites de Jésus-Christ souffrant, que ce grand saint avait pris pour son modèle ainsi que pour son chef, et qu'il faut suivre pour être véritablement chrétien. Ainsi soit-il.

Librum Exercitiorum divino afflatu scribit

Multos sæpe energumenos a dæmone liberat.

TROISIÈME JOUR

MÉDITATION

L'amour de saint Ignace pour ses ennemis

Saint Ignace eut pour ses ennemis un amour indulgent, un amour bienfaisant, un amour tendre.

1° *L'indulgence de l'amour.* — Son cœur fut inaccessible aux sentiments de vengeance. A Barcelone, il ne tient qu'à lui de perdre des personnes qui ont attenté à sa vie; il les connaît, les magistrats le pressent

Mulierem graviter phb... Stoni sanitati restituit.

Ignatium prope Palavium Christus consolatur.

Venetiis sub dio cubantem nobilis senator recipit.

Navim Ignatium expositum contrariis ventis retinentem.

de les nommer; il refuse constamment d'être leur délateur. A Rome, lui et sa Compagnie sont chargés de calomnies atroces; les calomniateurs sont découverts, les juges, tant laïques qu'ecclésiastiques, veulent en faire un exemple; Ignace s'y oppose, il intercède pour eux, et il ne tient pas à lui qu'on ne leur épargne le châtiment qu'ils ont mérité.

2ª *La bienfaisance de l'amour.* — C'est peu pour lui d'être indulgent à l'égard de ceux qui l'ont outragé; il s'estime heureux de pouvoir leur faire du bien. Un compagnon de ses premières études l'a-t-il abandonné en lui volant le peu d'argent qu'il tenait de ses amis, et dont il avait un extrême besoin, dans un temps où les études ne lui permettaient pas de ne vivre que d'aumônes, il vole au secours du compagnon infidèle, dès qu'il apprend qu'il est dans une extrême nécessité et dangereusement malade; il ne le quitte plus qu'il ne lui ait procuré la guérison, et qu'il ne l'ait tiré du besoin. Après cela, il ne faut pas être surpris s'il se met en prières pour un meurtrier qui a essayé de le poignarder; et si, par sa ferveur, il obtient de Dieu que le bras devenu immobile, pour s'être porté au crime, soit rétabli dans son premier état, et que le meurtrier soit tout à fait changé.

3° *La tendresse de l'amour.* — On voit par là qu'avoir insulté Ignace, c'est un titre pour avoir part à sa tendresse. Il fait des vœux pour attirer sur ses ennemis les bénédictions du Seigneur ; et afin d'éterniser en quelque sorte sa tendresse, il ordonne à sa Compagnie de prier tellement pour les amis, les fondateurs, les bienfaiteurs, qu'elle n'oublie point de le faire pour tous ceux qui sont mal affectionnés au corps.

Réflexions. 1. — Le désir de justifier mes ressentiments ne m'a-t-il pas fait dire quelquefois avec les mondains : Qu'il est impossible de ne pas haïr un ennemi qui a voulu nous déshonorer et nous perdre ? L'amour de saint Ignace pour ses ennemis détruit cette vaine prétention. Il m'apprend que ce qui paraît, ou même ce qui est impossible à la nature, devient possible à la grâce.

2. — Le monde fait consister l'honneur à se venger d'un outrage. Ignace, avant sa conversion, pensa comme le monde ; la considération des maximes et de la conduite de Jésus-Christ le détrompa. Son indulgence pour ses ennemis doit me servir de règle. En la suivant, je suivrai Jésus-Christ. L'opprobre d'un

Hierosolymam naviganti sæpe Christus apparet.

Sacra loca Palestinæ religiossime perinstrat.

Ex Oliveto reverlens fustibus cæditur.

chrétien est de suivre le monde que Jésus-Christ réprouve.

3. — Les plus grandes injures ne sauraient ni aigrir, ni refroidir Ignace à l'égard de ceux qui en sont les auteurs. Une apparence seule d'insulte suffit pour produire en moi le dépit, l'indignation, le désir d'humilier où de voir humilier la personne qui m'a manqué. Est-ce ainsi que l'on aime ? et l'apôtre saint Jean ne doit-il pas me faire trembler lorsqu'il dit : *Celui qui n'aime pas son frère est dans un état de mort.*

PRIÈRE. — Sauveur adorable, qui avez ordonné d'aimer nos ennemis, et qui, par vos exemples, nous avez appris la pratique de votre commandement, mettez dans mon cœur pour mes ennemis, les sentiments que vous mîtes dans celui de saint Ignace pour les siens, et faites que je me conforme comme lui à vos ordres et à vos exemples. Ainsi soit-il.

In Hispaniam soperata divinitus procella appellit.

Ferrariæ eleemosynas sibi datas pauperibus erogat.

Pro exploratore habitus per castra nudus trahitur.

QUATRIÈME JOUR

MÉDITATION

Le zèle de saint Ignace pour la conversion des pécheurs

Dès le commencement de sa conversion, Ignace fut enflammé du désir de travailler à la conversion des pécheurs. Dans cette vue, il composa le célèbre livre des *Exercices spirituels*, où il conduit comme par la main un pécheur à la pénitence, et de la pénitence à la perfection la plus sublime. Il ne sortit de sa retraite de Manrèse que pour faire l'essai de son zèle.

1° *L'intrépidité du zèle.* — Fut-il jamais un zèle plus intrépide ? On menace Ignace, on le maltraite, on attente à sa vie, peu s'en faut qu'il n'expire sous les coups d'hommes pervertis, indignes de leur nom de chrétiens et quelquefois du caractère sacré dont ils sont revêtus. N'importe, il méprise les menaces ; et, dès qu'il est guéri de la maladie mortelle causée par les coups qu'il a reçus, il travaille avec plus d'ardeur à la réformation qu'il a entreprise. Il s'estimerait heureux de donner sa

Aliquas Ignatia Caphaliae Domus incendio consumitur

Quidam ad vitam condemnatus tanquam a Metore declaratur

Ex Academia Parisiensi IX sibi socios adjungit

vie pour sauver une âme. Après avoir fait longtemps de vains efforts auprès d'un jeune débauché, voyant qu'il ne pouvait le retirer du crime par les remontrances et les exhortations, il s'avisa d'un étrange stratagème. Au fort d'un hiver très-rude, il se plongea jusqu'au cou dans l'eau sous un pont, sur lequel il savait que le jeune homme devait passer pour aller chercher l'objet de sa passion. Il l'y attendit; et, dès qu'il l'aperçut, il s'écria : « Où vas-tu, malheureux? Tu cours à ta perte en courant à d'infâmes plaisirs. Je resterai ici, tandis que tu suivras la passion qui t'entraîne; j'y prierai Dieu pour toi, et, par mes souffrances, je tâcharai d'expier tes abominations. » Il est difficile de ne pas triompher quand le zèle est si intrépide. Aussi les succès répondirent au zèle d'Ignace dans toutes les entreprises dont nous venons de parler.

2° *La prudence est la patience du zèle.* — L'intrépidité de son zèle était jointe à la prudence et à la patience. Il observait les moments, étudiait les caractères, se faisait tout à tous, prenant chacun par l'endroit le plus sensible. Si ces premières démarches étaient sans fruit, loin de se rebuter, il se rendait plus assidu, plus complaisant. Cette assiduité et cette complaisance rendirent enfin Xavier attentif à cette maxime: *Que sert à l'homme de gagner tout l'univers, s'il vient à perdre son âme?* maxime qu'Ignace lui avait souvent répétée sans faire sur lui aucune impression salutaire. Son assiduité et sa complaisance donnèrent à l'Eglise l'apôtre du Nouveau-Monde.

Ob servatam pretiam fustibus cæditur

3° *L'universalité et le désintéressement du zèle.* — C'est ce zèle qui porta le saint, âgé de trente-trois ans, à se confondre avec les enfants dans la poussière des premières classes; qui lui fit former le plan de sa Compagnie, uniquement destinée à procurer le salut des âmes. On ne finirait point, si l'on voulait entrer dans le détail des moyens que lui suggéra ce zèle, et des établissements dont le saint fut l'auteur, pour en assurer le succès. Il travailla pour les petits comme pour les grands, pour les enfants comme pour les hommes faits. L'objet de son zèle fut universel. Il y mit le comble par le plus parfait désintéressement, et il voulut que ni l'espérance des honneurs, même ecclésiastiques, ni l'attrait d'un intérêt temporel, ne pussent conduire les membres de sa Compagnie dans les fonctions du zèle; c'est pour cela que, par des vœux et

Sæpe Christus et B. Virgo se illi videndos exhibent

Raptus in aere clamat: O si te hümines nossent

Sicarius Ignatium occis
ab angelo retinetur.

In Monte Martyrum ipse
et soni vota emittunt.

Ad ascendum a visto Jar
in stagno delido se immer

des ordres sévères, il a opposé une barrière insurmontable à l'ambition et à la cupidité.

Réflexions 1. — Heureux celui qui cherche à procurer la conversion des pécheurs ! Mais il faut y travailler avec un zèle qui unisse le dégagement de toutes vues humaines à l'intrépidité, à la prudence, à la patience et à la disposition d'employer pour y réussir, tous les moyens imaginables. Convertir un pécheur, c'est *couvrir la multitude de ses propres péchés aux yeux de Dieu* (1).

2. — On s'imagine que le zèle pour la conversion des pécheurs ne convient qu'aux ministres de l'Evangile ; on se trompe : le Sage nous apprend que *Dieu a chargé chacun d'avoir soin de son prochain* (2). On peut contribuer à la conversion des pécheurs par des conseils salutaires, par une vie édifiante ; et Jésus-Christ, selon la remarque de saint Cyprien (3), veut que tous y contribuent par la prière : son ordre est contenu dans l'oraison dominicale.

3. — Loin de contribuer à la conversion des pécheurs, n'en ai-je point entretenu dans leurs désordres par une lâche complaisance, ou de

(1) Jac., v. 20.
(2) *Eccli.*, xvii, 10.
(3) S. Cyprian, *de Orat. dominic.*

quelque autre manière? Ne suis-je point devenu quelquefois complice de leurs excès? N'ai-je point été un sujet de chute pour quelque âme faible? N'ai-je point perdu, par mes exemples, cette âme pour laquelle Jésus-Christ est mort?

PRIÈRE. — Dieu tout-puissant, faites-moi connaître comme à saint Ignace, le prix des âmes rachetées du sang de Jésus-Christ; afin que, selon mon état, j'imite le zèle de ce grand saint, et surtout que je craigne de perdre par le scandale aucun de mes frères. Ainsi soit-il.

In patriam redux magna amin veneratione recipit

Saepe rusticos in agris evangelizat

CINQUIÈME JOUR

MÉDITATION

La foi de saint Ignace

Lorsqu'il se donna tout entier au Seigneur, il eut à combattre contre la tendresse des parents, les promesses du monde, les efforts de l'enfer. La considération des vérités éternelles le soutint; la foi lui servit de bouclier et lui assura la victoire.

1º *Le travail par la foi.* — Vivement touché de voir cette foi sainte, igno-

ramliali morbo laciam precibus suis sanat

Solitario Romini Deus Ignatii sanctitatm. aperit.

Romam petenti Christus dixit: ego vobis Romæ propit. ero.

Primum Sacrum facit ad præsepe Domini.

rée d'une infinité de nations, et atta-
quée en divers endroits par l'hérésie,
ainsi que par cette vaine philosophie
qui dégrade l'homme jusqu'à le
mettre au rang des bêtes, il n'eut
rien tant à cœur que d'en faire par-
venir la lumière à ces nations assises
à l'ombre de la mort, et que de la
défendre en convertissant, autant
qu'il serait possible, l'hérétique et le
faux philosophe. Dans cette vue, il
s'associa des missionnaires et de
vrais savants, qui, sous sa direction,
travaillèrent avec succès à la propa-
gation et à la défense de la foi. Le
luthéranisme s'efforça de pénétrer
dans sa Compagnie. On adressa au
saint des ballots de livres, disposés
de manière que ceux qui se trou-
vaient les premiers étaient catholiques, et que tout le reste était in-
fecté des nouveaux dogmes: l'artifice
ne réussit pas, les mauvais livres
furent la proie des flammes. La secte
s'avisa d'engager un jeune homme
de ses partisans à se déguiser, à se
mettre sous la conduite d'Ignace et
au nombre de ses enfants, pour travailler plus efficacement à en sé-
duire quelques-uns.

2° *La fermeté dans la foi.* — Pour
rendre les siens inébranlables dans
la foi, le saint leur inculquait cette
maxime qu'on lit dans le célèbre

livre des *Exercices spirituels* : « Il faut renoncer à tout jugement propre, et être toujours dans la disposition d'obéir à la véritable Epouse de Jésus-Christ, qui est notre sainte Mère l'Eglise orthodoxe, catholique et hiérarchique. » Il voulait, outre cela, qu'ils eussent et qu'ils témoignassent partout un profond respect, non seulement pour les décisions de cette Eglise, mais encore pour toutes les pratiques qu'elle prescrit ou qu'elle autorise.

3º *La docilité dans la foi.* — Quelque éclairé qu'il fût lui-même dans les voies de Dieu, après les sublimes connaissances que Dieu lui avait communiquées dès le commencement de sa conversion à Manrèse, et qu'il lui communiqua ensuite en diverses occasions, il se défiait toujours de lui-même, et il ne fut content, ni de ses *Exercices spirituels*, ni de ses *Constitutions*, que lorsqu'il vit le Sant-Siège apostolique leur donner une approbation solennelle.

Réflexions. 1. — Je me flatte d'avoir la foi. Me fait-elle triompher de la chair, du monde et de l'enfer ? Que produit-elle en moi ? *Une foi stérile en bonnes œuvres est une foi morte ;* et une foi morte ne peut servir au tribunal du souverain juge qu'à rendre ma condamnation plus terrible.

Arido brachio dum Ignatii vestes lavat, motus reddit.

Una cum sociis Venetiis sacerdotio initiatur.

Socium probidum eques apparens ad Ignatium remittit.

Hozii animam fert in cœlum videt.

Paulus cecidit facillisio daii aiibus Hei est hic

Franciscum Xaverium in Indias mittit

2. — Suis-je sensible aux outrages que font à la foi les hérétiques, les orgueilleux auteurs d'une basse philosophie toute plongée dans la matière ? Ne suis-je point de ceux qui s'applaudissent d'une espèce d'impartialité dans les disputes sur la religion ? Cette impartialité est une véritable irréligion. L'insensibilité en approche.

3. — C'est un crime de lire les livres qui peuvent corrompre les mœurs ; n'en serait-ce pas un de lire ceux qui peuvent enlever la foi ? Si l'on vient à mépriser la doctrine ou les usages de l'Eglise, bientôt on ne la reconnaît plus pour mère ; et, selon saint Cyprien, « si on ne l'a pas pour mère, on n'aura jamais Dieu pour Père ».

PRIÈRE. — Ah ! Seigneur, la foi est un don précieux : qu'elle ne soit point stérile en moi ! Si je ne puis contribuer, comme saint Ignace, à l'étendre et à la défendre, du moins ne permettez pas que je m'expose jamais à la perdre. Je suis assuré de la conserver, tandis que je serai enfant docile à l'Eglise. Faites que cette docilité m'accompagne toujours jusqu'au dernier soupir. Ainsi soit-il.

SIXIÈME JOUR

MÉDITATION

La confiance qu'avait en Dieu saint Ignace

Jésus-Christ nous ayant appris à invoquer Dieu comme *notre Père*, saint Ignace aimait à le représenter sous cette idée, et cette idée le remplissait d'une confiance en lui, qui était sans bornes.

1° *L'étendue de la confiance.* — S'agissait-il des choses nécessaires à la vie, il ne pouvait souffrir ces précautions pour l'avenir que suggère la prudence humaine, et il avait coutume de dire : « Pensons seulement à servir Dieu, et laissons-lui le soin d'être notre pourvoyeur. » Au sortir de Manrèse, il avait résolu d'aller à la Terre-Sainte en demandant l'aumône. Quelques marchands de sa connaissance lui représentèrent que cela n'était pas possible, et par leurs instances l'engagèrent enfin à accepter un peu d'argent. Dès qu'il les eût perdus de vue, il se reprocha d'avoir cédé à leurs représentations et à leurs instances, il se jugea coupable de défiance à l'égard

Generalis Pietus se et Socios Ae voto obstringit.

S. Francisc. Xaverius be-
nedixum Ignatio scribit.

Romam renovat sacra-
mentis et concionibus.

de la bonté de Dieu, et il distribua aux pauvres qu'il rencontra tout l'argent qu'on lui avait donné. Si, dans la suite, il se permit de faire quelques provisions, ce fut lorsqu'une conduite opposée eût été un obstacle à un plus grand bien pour la gloire de Dieu.

2° *La sagesse de la confiance.* — Ce n'était que pour elle qu'il formait des entreprises ; et, dans ses entreprises, il n'était arrêté ni par les contre-temps, ni par les difficultés, ni par les contradictions, ni même par le défaut de secours humains. « Lorsqu'on veut faire de grandes choses, disait-il, il ne faut pas être trop sage. Si les apôtres avaient envisagé les facultés et les ressources humaines, jamais ils n'auraient fait tomber aux pieds de Jésus-Christ les sages et les maîtres du monde. » On était quelquefois surpris de sa constance à suivre certains projets, à l'exécution desquels tout paraissait contraire ; et il en venait à bout de manière à faire dire qu'il y avait du miracle. « C'en serait un, répondait-il, que Dieu manquât à celui qui met toute sa confiance en sa bonté paternelle. » Le saint ne négligeait pourtant pas les moyens humains, et sa maxime était « qu'il fallait en user, comme si le succès des affaires dépendait uniquement de notre industrie et de notre activité, mais qu'en même temps il fallait s'abandonner à Dieu sans réserve, et comme si le succès devait venir de lui seul par miracle. »

3° *La fermeté de la confiance.* — Personne n'éprouva plus de disgrâces, de calamités, de persécutions qu'Ignace : personne aussi ne fut plus tranquille au milieu des plus violents orages. A le voir, on eût dit qu'il vivait dans un paradis terrestre. Il attendait le calme dans le sein paternel de Dieu, et il s'y reposait aussi doucement qu'un enfant sommeille entre les bras de sa mère. Il est vrai qu'une expérience presque continuelle contribuait beaucoup à rendre sa confiance inébranlable. Combien de fois ne vit-on pas Dieu venir à son secours par des événements qui tenaient du prodige, pour le tirer de l'indigence, pour écarter les dangers qui le menaçaient, pour faire éclater son innocence, et pour donner une heureuse issue à des entreprises qui, selon toutes les règles de la prudence humaine, devaient nécessairement échouer ? Aussi parlait-il des attentions paternelles de Dieu sur les hommes en général, d'un air si touchant, qu'il faisait passer sa confiance dans le cœur de ceux

Romam confluunt qui ejus innocentiam testantur.

Sacrum pro legatione facturus ejus obitum novit.

Varia opera bona Romæ instituit.

Saepe noctu à dæmo-
nibus verberatur.

Cælum aspiciens exclamabat
quam sordet mihi tellus, etc.

Supra scintillantis caput
ingens flamma conspiciebatur.

qui avaient des rapports avec lui. « J'ai toujours devant les yeux, disait saint François-Xavier, ce que j'ai entendu de la bouche de notre très-bon Père Ignace : que tous ceux de sa Compagnie devaient s'élever au-dessus de ces craintes qui empêchent qu'on ne mette toute sa confiance en Dieu. C'est ce qui me soutient et m'anime. »

Réflexions. 1. — J'appelle tous les jours Dieu *mon Père*, et je me défie de sa bonté paternelle. De là, mes inquiétudes sur ma santé et tout ce qui concerne ma personne. Mes inquiétudes sont la juste punition de ma défiance. Elles cesseront dès que je me donnerai tout entier au service de Dieu.

2. — D'où vient le mauvais succès de la plupart de mes entreprises? De ce que, sans rien attendre de Dieu, je compte sur mes soins, mes talents, ou sur des ressources purement humaines. Je mérite d'être humilié. Dieu a déclaré *qu'il perdrait la sagesse des sages du monde, qu'il réprouverait leur prudence.*

3. — A qui ai-je recours dans mes peines? A ma raison? elle succombe. Aux créatures? les unes m'abandonnent, les autres insultent à mes malheurs; il en est qui aigrissent ma douleur en voulant l'adoucir;

toutes sont incapables de me consoler. Je serais tranquille, si je ne cherchais d'asile que dans le sein paternel du Seigneur, et si je mettais toute ma confiance en lui.

PRIÈRE. — Seigneur, nul père n'est si tendre à l'égard de ses enfants, ni si attentif à leurs besoins, qu'ils ne puissent avoir aucune raison de se défier, au moins quelquefois, de sa tendresse ou de sa vigilance. Mais, en daignant nous permettre de vous appeler NOTRE PÈRE, vous vous montrez si tendre à notre égard, si attentif à pourvoir à tous nos besoins, que nous défier de vous, c'est une injustice énorme, une affreuse ingratitude. Je déteste donc mes défiances passées, et j'ose vous demander, par l'intercession de saint Ignace, la confiance filiale en votre bonté paternelle, dont vous avez donné un si admirable exemple dans ce grand saint. Ainsi soit-il.

Allatas é patria litteras in ignem abjicit.

Prophetia spiritu allatus arcana medium penetrat.

Dæmonem sub specie serpentis apparentem baculo abigit.

Sæpe S. Philippus Nerius ejus faciem radiantem videt.

Petronium graviter laborantem colloquio suo sanat.

Laurentii Patres lectos Ignatii obsessos a dæmonibus liberant.

SEPTIÈME JOUR

MÉDITATION

La pureté d'intention de saint Ignace

Il est dit, dans le procès de canonisation de ce saint, que, depuis sa conversion, il rapportait à Dieu, comme à leur fin, toutes ses pensées, toutes ses paroles, toutes ses actions ; qu'il les lui consacrait et qu'il les dirigeait à sa gloire.

1° *L'objet de l'intention pure.* — Sa devise fut dès lors : *A la plus grande gloire de Dieu.* On la trouve à chaque page de ses *Exercices spirituels* et de ses *Constitutions.* Il l'avait toujours à la bouche ; il la proposait à ses enfants ; toute sa conduite en était l'expression. Ce n'était pas assez pour sa grande âme de procurer quelque honneur à Dieu : elle désirait ardemment lui procurer le plus grand qu'on puisse lui rendre ici-bas. Comme l'honneur qu'on rend ici-bas à Dieu consiste à ne pas l'offenser, et à le servir d'une manière digne de lui, tout ce qu'Ignace se proposait dans ses divers établissements, qui furent en grand nombre, c'était de retirer du désordre ceux qui y étaient plongés, et de porter à la perfection ceux qui marchaient déjà dans les voies de la justice. Telle est la fin à laquelle il veut que tendent toutes les fonctions de sa Compagnie.

2º Les moyens d'atteindre cet objet d'intention pure. — Que ne fait-il pas lui-même pour arriver à cette fin? Nous avons déjà dit, en parlant de son zèle pour la conversion des pécheurs, ce qu'il lui en coûta en quelques occasions où il eut à cœur d'empêcher que Dieu ne fût offensé. Il était toujours prêt à tout souffrir dans cette vue, et il eût regardé comme le plus grand bonheur de donner sa vie pour une si belle cause. Il avait entrepris d'amener à la pénitence des jeunes filles que l'indigence avait engagées dans de honteux commerces. Quelqu'un lui représenta qu'il se donnait à cet égard bien des peines inutiles : « Ah ! répondit le saint, ne serais-je pas payé avec usure de toutes mes peines, quand je ne réussirais qu'à empêcher un seul péché mortel ? »

3º Le désir d'atteindre cet objet d'intention pure. — Son désir de procurer la gloire de Dieu était si vif que plusieurs fois on l'entendit dire :

Sacro colore suo videri cupiento apparet.

Romæ sanctissime moritur eius anima in cœlum fertur.

Flores et fereira subducti ægros sanant.

2

Lucentes stellæ in
loculo videntur.

A Gregorio XV In numerum
sanctorum refertur.

S. IGNATIVS S.J.
fundator.

« Oui, si l'on m'offrait de la part de Dieu le choix, entre mourir avec la certitude d'entrer aussitôt dans la gloire, ou demeurer sur la terre avec l'incertitude de mon propre salut, mais aussi avec l'assurance de gagner une âme à Dieu, je choisirais sans balancer de rester sur la terre. La perte que je ferais alors, ajoutait-il, serait autant au-dessous du profit que tous les intérêts de l'homme sont au-dessous des intérêts de Dieu. » Sentiment noble et semblable à celui que saint Chrysostôme appelle « la sainte folie de saint Paul, » qui consentait à *être anathème pour le salut de ses frères*; sentiment qui marque la pureté d'intention la plus parfaite, laquelle consiste à se perdre en quelque sorte de vue soi-même, pour ne s'occuper que de la gloire de Dieu.

Réflexions 1. — Quel est le motif ordinaire de mes actions ? N'est-ce pas de satisfaire mon amour-propre, ou de plaire au monde ? En s'aimant, on se perd ; le monde n'est qu'un fantôme qui passe. Quelle folie de se creuser soi-même un précipice, ou de perdre le temps à courir après un fantôme.

2. — Je rendrai compte de toutes mes actions au souverain Juge. Il me récompensera de celles qui

auront été faites pour sa gloire. En trouvera-t-il en moi qui méritent ses récompenses ? Ne dois-je pas m'attendre à être traité au moins comme le *serviteur inutile jeté dans les ténèbres extérieures ?*

3. — Saint Paul m'apprend qu'il ne tient qu'à moi de me faire un trésor de mérites pour l'éternité, en rapportant les actions mêmes les plus communes, telles que le boire et le manger, à la gloire de Dieu. Ce motif ennoblit tout, donne du prix à tout, rend tout méritoire. Quel tort ne me fais-je donc pas à moi-même, en agissant par d'autres motifs ?

PRIÈRE. — Dieu tout-puissant, qui avez suscité saint Ignace pour procurer, par une infinité de moyens, votre plus grande gloire; je vous prie, par ses mérites et par son intercession, de m'apprendre à ne plus me laisser éblouir par le fantôme du monde et les illusions de l'amour-propre; afin que désormais, dans toutes mes actions, je n'aie en vue que de vous glorifier. Ainsi soit-il.

HUITIÈME JOUR

MÉDITATION

L'humilité de saint Ignace

Plein des plus bas sentiments de soi-même, Ignace se regardait comme un pécheur, qu'il était étonnant que Dieu laissât encore sur la terre ; comme un homme tout à fait inutile, qui devait être, ou entièrement oublié, ou rejeté avec horreur.

1° *La prudence de l'humilité.* — Les faveurs dont Dieu le comblait, augmentaient le mépris qu'il avait pour sa personne. « Il faut, disait-il, que je sois bien à plaindre, puisque Dieu juge que j'ai besoin de tant de secours extraordinaires. » Il ne craignait rien tant que l'estime des hommes. Il quitta la caverne de Manrèse, dès que la foule y vint pour le voir avec cette vénération qu'on a pour les saints. Et, afin qu'on ne le prît pas pour un saint, il pria instamment Notre-Seigneur de ne point lui communiquer en public les grâces singulières qu'il lui communiquait dans l'oraison. Les honneurs étaient

pour lui un fardeau insupportable. Jamais on ne l'eût déterminé à accepter la charge de général de sa Compagnie, si son confesseur ne le lui eût ordonné. Et, après dix ans de gouvernement, il fallut pour l'engager à retenir le titre de général, que la Compagnie lui nommât un vicaire, sur qui il se dechargeât de la plus grande partie d'une administration, dont il ne cessait de dire qu'il était incapable.

2° *L'héroïsme de l'humilité.* — Cet homme, qui, avant sa conversion, était si jaloux de plaire au monde, si vif sur le point d'honneur, ne se montre d'abord que sous un extérieur négligé, pauvre et dégoûtant; écoute avec satisfaction les injures; s'arrête avec complaisance devant les enfants, afin de leur servir de jouet; s'applaudit d'être pris pour un insensé par des soldats et des officiers; reçoit avec joie les mauvais traitements et les humiliations; ne veut point se défendre lorsqu'on le calomnie, ou ne se défend que lorsque l'utilité du prochain et la gloire de Dieu l'exigent.

3° *La profondeur de l'humilité.* — Le saint s'est représenté lui-même, sans le vouloir, dans les admirables leçons d'humilité dont ses *Exercices* et ses *Constitutions* sont remplis. Je

SANCTVS IGNATIVS

dis, sans le vouloir, parce qu'il n'avait rien tant à cœur que de cacher ses vertus, surtout son humilité. Ce qui venait en lui d'une humilité profonde, il savait le faire passer, du moins auprès de ceux qui ne le connaissaient pas parfaitement, pour naturel, ou pour l'effet d'une extrême simplicité. C'est dans la dernière maladie qu'il réussît mieux que jamais à cacher son humilité. Dieu lui avait fait connaître sa dernière heure. Le saint pria un des Pères de sa Compagnie d'aller demander pour lui au Pape la bénédiction et l'indulgence qui se donne à l'article de la mort; mais il n'eut garde d'apporter la raison pour laquelle il le pressait de ne pas différer. Les médecins étant survenus assurèrent qu'on pouvait encore attendre, et que le malade avait plusieurs jours à vivre. Ignace, qui savait le contraire, ne voulut pas les contredire; il se tint tranquille, et il n'y eut que lui pour qui le moment de sa mort ne fût pas imprévu. Jésus-Christ est le maître de l'humilité par excellence. Ignace s'efforça d'approcher, autant qu'il est possible, de ce divin modèle. Aussi sainte Madeleine de Pazzi assure que, dans une vision, Jésus-Christ le lui envoya pour lui apprendre l'essence et la perfection de cette vertu, et cela peu de temps après la mort du saint.

Réflexions. 1. — Quelle différence entre saint Ignace et moi! Plein de vertu, il se méprise lui-même, il souhaite qu'on le méprise; et moi, plein de défauts et de vices, je m'estime moi-même, je souhaite qu'on m'estime. Au grand jour de la manifestation générale, chacun se connaîtra et sera connu. Quelle sera alors la confusion de l'orgueilleux!

2. — Dès les premiers instants de sa conversion, saint Ignace est humble de cœur. L'humilité du cœur est le commencement de tout bien; l'orgueil, au contraire, est le commencement de tout mal. Cette vertu produit et entretient toutes les autres; ce vice altère toutes les vertus, introduit tous les vices.

3. — Saint Ignace cache avec soin son humilité. On cesse d'être humble dès qu'on ne craint pas de le paraître. L'excès de l'orgueil, c'est de vouloir le paraître sans l'être en effet. Saint Ignace jouit d'une paix profonde au sein même de l'humiliation; son humilité fait son bonheur. L'orgueilleux, dans la grandeur même, est toujours inquiet; c'est

DÆMONES EJICITE

son orgueil qui le rend malheureux.

PRIÈRE. — Mon Dieu, qui résistez aux orgueilleux et dont la grâce est pour les humbles, guérissez mon orgueil, et faites que j'imite l'humilité de saint Ignace, formée sur celle de votre Fils unique Jésus-Christ Notre Seigneur, par les mérites duquel je vous la demande. Ainsi soit-il.

NEUVIÈME JOUR

MÉDITATION

La manière dont saint Ignace veilla sur lui-même

Le saint était persuadé que, dans la voie du salut, on est soi-même l'ennemi contre lequel on ait le plus à combattre, et qu'il soit plus essentiel de vaincre.

1° *La principale pratique de cette vigilance.* — De là (qu'on est soi-même son principal ennemi), son extrême vigilance, et sur tous les mouvements de son âme, et sur ses sens extérieurs. Afin qu'il ne lui échappât rien de ce qui se

passait dans son âme, il s'était
prescrit deux sortes d'examens :
l'un général, qui avait pour objet
toutes les pensées, les paroles, les
actions, et qu'il faisait à chaque
heure du jour ; l'autre dont le
but était de corriger un défaut pris
séparément, pour en attaquer ensuite un autre, jusqu'à ce que tous
eussent été détruits l'un après
l'autre, autant qu'il est possible.
Accoutumé à contempler la beauté
divine, Ignace concevait combien
Dieu est jaloux d'une âme chrétienne, et combien la moindre
tache offense ses yeux. Aussi était-
il pénétré de la plus vive douleur,
lorsqu'il se trouvait coupable de
quelque faute. Ce qui l'affligeait
sensiblement, c'était non la peine
que sa faute méritait, mais d'avoir
déplu à la Beauté suprême, dont
certains rayons tombaient sur lui
et qui, le montrant lui-même à
lui-même, le remplissaient d'horreur pour la faute la plus légère,
lui faisaient même voir des taches
où les autres n'en eussent aperçu
aucune.

2° *Les principaux effets de cette
vigilance.* — C'est par la pratique
constante de ces deux examens,
qu'il parvint à une pureté de conscience tout à fait angélique, et

SVSCITAT MORTVOS

qu'il se rendit tellement le maître de ses passions, qu'on le croyait ordinairement d'un tempérament froid et flegmatique, quoique son tempérament fût des plus vifs et des plus ardents. Les médecins qui ouvrirent son corps après sa mort, avouèrent, sur des indices certains, que la tranquillité de l'âme, la douceur, l'égalité qu'on avait admirées en lui, n'avaient pu être que le fruit des plus grandes et des plus constantes victoires sur lui-même.

3° *L'exercice de cette vigilance sur les sens extérieurs.* — Ce qui assurait cet heureux fruit de ses victoires, c'était son extrême vigilance sur ses sens extérieurs. Toujours ses yeux étaient ou baissés vers la terre, ou élevés au ciel; sa bouche ne s'ouvrait que pour parler de Dieu ou de quelque autre chose nécessaire; ses oreilles étaient fermées à tout discours qui aurait pu donner atteinte à quelque vertu; il ne voulait même pas qu'on s'entretînt en sa présence des fautes par où les grands scandalisent quelquefois le public. Sa maxime était, qu'il ne faut parler de ces sortes de personnes que pour en dire ce qu'on en sait de bien. Jamais, ni dans son air, ni sur

son visage, ni dans son ton et ses
expressions, on n'aperçut rien qui
marquât de l'impatience, de la
colère, de l'aigreur, du trouble, ou
quelque autre passion mal réglée.
Certaines circonstances l'obligèrent
de réprimander avec sévérité quelques coupables; alors son air, son
ton, ses expressions marquaient
bien qu'il n'était ni froid, ni flegmatique, et portaient la terreur dans
l'âme de ceux à l'égard de qui il
croyait devoir en user ainsi. Mais on
voyait, en même temps, l'empire
qu'il exerçait sur son intérieur
comme sur son extérieur; car il ne
lui échappait rien qui marquât de
l'humeur, du mépris, de l'emporte-
ment; et la réprimande n'était pas
plutôt finie, qu'il revenait à l'instant
au ton de douceur, de bonté, de simplicité, et reprenait son air paisible
et tranquille. Les *règles de modestie*
qu'il a tracées à sa Compagnie sont
l'expression de la sienne, et sa rare
modestie avait sa source dans un
cœur tout occupé du soin de plaire
à la Beauté divine.

Réflexions. 1. — Que n'ai-je pas à
craindre en satisfaisant mes pen-
chants et mes désirs? Avance-t-on
dans la voie de la perfection sans
remporter sur soi des victoires?
et ne faut-il pas se faire violence

pour acquérir le royaume des cieux?

2. — Les sens sont les issues par où l'âme se répand sur les objets extérieurs. Si ces issues sont mal gardées, l'âme sort, pour ainsi dire, d'elle-même, se méconnaît, perd Dieu de vue, s'attache aux créatures et court à sa perte. Puis-je donc être trop attentif à veiller sur mes sens?

3. — Malheur à celui qui néglige d'examiner sérieusement sa conscience. Il se flatte de se connaître, et il ne se connaît pas; il s'applaudit de certaines actions, et Dieu les condamne; comme l'orgueilleux pharisien, il se croit juste, il se préfère au publicain, et il n'est aux yeux de Dieu qu'un pécheur, qu'un réprouvé.

PRIÈRE. — Pardonnez-moi, Seigneur, la dissipation dans laquelle j'ai vécu jusqu'à présent; l'oubli de moi-même qui a multiplié mes fautes; la liberté que j'ai donnée à mes sens; accordez-moi, par l'intercession de saint Ignace, les secours dont j'ai besoin, pour imiter l'exactitude et l'assiduité avec laquelle il veilla sur luimême. Ainsi soit-il.

MÉDITATION

Pour la Fête de saint Ignace.

SUJET: *On doit chercher en toute chose la gloire de Dieu.*

PREMIER POINT

Considérez que Dieu n'a créé tout ce vaste univers et toutes les créatures qu'il renferme, que pour sa gloire; et il ne pouvait pas, en tirant du néant les créatures, se proposer une autre fin. Dès que Dieu a voulu faire une créature raisonnable, c'est-à-dire capable de connaître et d'aimer, il n'a pas pu se dispenser de vouloir que cette créature rapportât tout à la gloire du Créateur; c'est-à-dire que son esprit connût cet Être souverain, tout-puissant, indépendant ; cet Être infiniment parfait; cet Être le principe et la fin de tous les êtres; et que son cœur l'aimât comme son unique et souverain bien : que cet esprit et ce cœur, toujours d'accord par ce motif de religion, n'agissent que pour ne faire que ce qui plaît à Dieu, que pour le faire connaître et aimer, qu'ils ne souhaitassent rien

tant que de voir son Nom partout
sanctifié, glorifié, et de voir croître
partout le nombre de ses vrais ado-
rateurs et de ses vrais fidèles.

De cette connaissance et de cet
amour de Dieu résultent nécessairement le respect et l'adoration dûs
à cet Être souverain, seul objet nécessaire de son admiration, de sa
vénération, de son dévouement et de
son culte; seul capable de contenter
et de rassasier son cœur, seul principe de sa félicité même dès cette
vie. Il n'est point d'être dans le ciel,
point de créature sur la terre, qui
ne soit une voix qui nous avertit de
cette fin. Les cieux ont leur langage
et ils publient sans cesse la gloire
de leur Créateur. La terre n'est pas
moins éloquente. Quelle fleur, quel
fruit, quel arbrisseau, quel brin
d'herbe, qui ne nous annonce l'habi-
leté incompréhensible, la sagesse
infinie, et la toute-puissance de
Celui qui a tout créé? Quel homme,
quel esprit, quel génie a jamais pu
ou pourra jamais faire le plus petit
moucheron, le plus petit insecte? La
moindre plante, la moindre feuille
confond et désespère toute l'industrie, toute la puissance du plus ha-
bile ouvrier. Mon Dieu! que d'objets
publient notre néant, et prêchent
notre devoir, en publiant votre toute-
puissance! Tout nous dit que nous

— 39 —

ne sommes faits que pour vous glorifier, c'est-à-dire, que toutes les
créatures nous doivent porter à
vous connaître, à vous aimer, à vous
bénir sans cesse !

Tout nous dit que vous ne nous
avez donné l'usage de ces créatures
qu'à condition qu'elles nous seraient
un moyen de reconnaître vos bontés
dans vos bienfaits, et d'obéir à vos
ordres. Faire un autre usage de ces
bienfaits, c'est impiété, pour ainsi
dire, c'est injustice. Tout nous doit
porter à Dieu, et nous devons référer
tout à Dieu, sans quoi nous renver-
sons, par un abus criminel, l'ordre
qu'il a établi en nous créant. Biens,
talents, santé, la vie même, tout ce
que nous avons, tout ce que nous
sommes, tout cela ne doit être que
pour la gloire de notre Dieu. Tout
ce que nous faisons, tout ce que
nous entreprenons, tout ce que
nous souhaitons, ne doit avoir pour
motif que cette divine gloire.

C'est ce qui a été la dévotion fa-
vorite de tous les saints, et singu-
lièrement de saint Ignace. Est-ce la
nôtre ? Nous sommes tous serviteurs
de Dieu ; ne travaillons-nous que
pour ce divin Maître ? Hélas ! Seigneur, que vous avez peu de serviteurs fidèles ! Méritons-nous l'auguste
titre de serviteurs de Dieu ?

SECOND. POINT.

Considérez que c'est ici une loi dont personne n'est dispensé. Ne la violons-nous point par l'abus énorme que nous faisons de toutes les créatures? Nous en avons l'usage; n'en usurpons-nous point la propriété? Ne nous servons-nous de ces créatures que pour glorifier notre Dieu? Cette gloire de Dieu est-elle la fin de tous nos désirs, de toutes nos actions, comme elle l'était de toutes les entreprises de saint Ignace? Nous déplorons avec raison l'aveuglement impie de ces peuples insensés qui rendaient aux créatures un culte qui n'était dû qu'à Dieu seul; sommes-nous plus sages, en référant à nous-mêmes ce qui ne doit être consacré qu'à Dieu? Et, à suivre de près nos vues et nos projets, et à examiner les véritables motifs de nos actions, n'a-t-on pas droit de dire que nous faisons de notre propre gloire et de nos propres intérêts notre fin dernière? Nous proposons-nous autre chose dans tous ce que nous faisons? Ne nous servons-nous des créatures que pour aimer d'autant plus le Créateur? La gloire de Dieu n'est-elle jamais sacrifiée à notre propre gloire? Culte divin, intérêts de la religion, Dieu lui-même, tout cède à

nos intérêts et à nos passions. Ne cherche-t-on que la gloire de Dieu dans ces empressements vifs et ardents, avec lesquels on défend sa réputation et l'on poursuit tout ce qui flatte l'amour-propre? Ces esclaves de la fortune, ces victimes de l'ambition et de l'intérêt, ces gens de plaisir, ces âmes toutes terrestres enivrées de l'amour des créatures, que ne cherchent-elles que la gloire de Dieu? O qu'il est vrai qu'il y a peu de gens sur la terre qui ne renversent cet ordre de la Providence, par l'abus qu'on fait des biens créés!

Les personnes mêmes qui font profession de piété ont-elles une dévotion bien épurée? La gloire de Dieu entre-t-elle au moins dans tous leurs motifs? Le zèle des plus dévots est-il toujours bien pur? L'amour-propre, l'orgueil, le naturel, la propre gloire ne s'insinuent-ils pas jusque dans le sanctuaire? Si l'on ne cherche que la pure gloire de Dieu, d'où viennent ces prédilections pour les lieux et pour les emplois, ces inquiétudes sur notre destination, ces visibles acceptions de personnes? Quand on ne cherche que Dieu, on trouve du plaisir dans les humiliations, le peu de succès ne dégoûte pas, on n'a en vue que la gloire de Celui à qui l'on veut plaire. Défions-nous de tous ces travaux apostoliques tant prônés, de

toutes ces dévotions un peu trop applaudies. Une vertu obscure ou méprisée a tout son prix. Le beau modèle d'une vraie pureté d'intention dans toute la vie de saint Ignace !

ASPIRATIONS DÉVOTES DURANT LE JOUR

Quid mihi est in cœlo; et a te quid volui super terram ? Qu'ai-je à désirer dans le ciel, et que puis-je me proposer sur la terre, hors de vous, ô mon Dieu !

Non quæro glóriam meam, sed ejus qui misit me. Non, Seigneur, non je ne cherche plus ma propre gloire, et je ne veux plus avoir d'autre motif dans toutes mes actions que de vous glorifier.

LITANIES

De saint Ignace de Loyola

Seigneur, ayez pitié de nous.
Jésus-Christ, ayez pitié de nous.
Seigneur, ayez pitié de nous.
Jésus-Christ, écoutez-nous.
Jésus-Christ, exaucez-nous.
Père céleste, qui êtes Dieu, ayez pitié de nous.
Fils, rédempteur du monde, qui êtes Dieu, ayez pitié de nous.

Esprit-Saint, qui êtes Dieu, ayez pitié de nous.

Sainte Trinité, qui êtes un seul Dieu, ayez pitié de nous.

Sainte Marie, conçue sans le péché originel, priez pour nous.

Saint Ignace, fondateur de la Compagnie de Jésus,

Serviteur très-zélé de la bienheureuse Vierge Marie,

Ennemi redoutable de l'hérésie,

Secours de l'Eglise militante,

O vous, qui avait fait revivre le fréquent usage des sacrements,

Force de vos enfants combattant sous les enseignes du saint Nom de Jésus,

Soutien puissant de la jeunesse,

Vase d'élection destiné à faire connaître au loin le Nom de Jésus,

Défenseur de la religion catholique,

Ennemi irréconciliable du vice,

O vous, qui avait tant contribué à répandre au loin la connaissance de l'Evangile,

Incomparable héraut de la plus grande gloire de Dieu,

Temple de paix et de vérité,

Imitateur des travaux de Jésus-Christ,

Lumière brillante du monde chrétien,

Très-habile directeur des âmes,

Maître de la vie spirituelle,

Priez pour nous.

Priez pour nous.

O vous, qui pardonniez les injures,

O vous, qui rendiez exactement compte de vos actions et de vos pensées,

Miroir de la vraie piété,

Prodige d'humilité,

O vous, qui rendiez la santé aux malades,

O vous, qui avez fait revivre les morts,

O vous, qui avez fait des miracles,

O vous, qui alliez à la recherche des âmes,

Refuge des malheureux,

Consolation des affligés,

O vous, qui étiez consumé du divin amour,

Modèle et zélateur de l'obéissance,

O vous, qui êtes vraiment admirable par votre amour pour la chasteté, et par la protection que vous accordez à ceux qui aiment cette vertu,

O vous, qui portiez à la pauvreté le plus tendre amour,

Zélateur très-ardent du salut des âmes,

O vous, qui avez mis en fuite les démons,

Modèle de toutes les vertus,

Prévenu d'inspirations divines,

Admirateur discret du mystère de la T.-S. Trinité,

Serviteur zélé des saints anges,

Priez pour nous.

Egal aux apôtres par votre sollici-
tude pour les âmes.

Rempli de la grâce et de l'esprit
des prophètes,

Martyr par l'austérité de votre vie,
priez pour nous.

Agneau de Dieu, qui effacez les péchés du monde, pardonnez-nous,
Seigneur.

Agneau de Dieu, qui effacez les péchés du monde, exaucez-nous,
Seigneur.

Agneau de Dieu, qui effacez les péchés du monde, ayez pitié de nous,
Seigneur.

v. Priez pour nous, saint Ignace ;

r. Afin que nous nous rendions
dignes des promesses de Jésus-
Christ.

PRIONS

Dieu tout-puissant, qui, par le mi-
nistère du bienheureux Ignace, avait
donné à votre Eglise militante un
nouveau secours pour faire connaître de plus en plus la gloire de
votre saint Nom ; faites que, aidés
de son secours et conduits par ses
exemples, après avoir combattu sur
la terre, nous méritions d'être cou-
ronnés avec lui dans le ciel. Par
Notre Seigneur Jésus-Christ, votre
Fils, etc.

Côté droit : Les Martyrs du Brésil :

S. François de Borgia.

S. Louis de Gonzague.

S. François Régis.

B. Charles Spinola.

B. André Bobola.

B. Pierre Lefebvre.

Vén. Pierre de la Colombière.

Côté gauche : Les Martyrs du Japon :

S. François de Hieronymo.

S. Stanislas.

B. Jean Berchmans.

B. Pierre Claver.

B. Alphonse Rodriguez.

B. Pierre Canisius.

B. Jean de Britto.

LA T.-Ste VIERGE
Reine de la Compagnie de Jésus

S. Ignace.   S. François Xavier.
S. Michel.   L'Ange de la Compagnie.

PRIÈRE
DE SAINT IGNACE

Recevez, Seigneur, ma liberté tout entière ; recevez ma mémoire, mon entendement et toute ma volonté. Tout ce que j'ai, tout ce que je possède, vous me l'avez donné ; je vous le rends sans réserve, et j'en laisse l'entière disposition à votre volonté. Donnez-moi seulement votre amour avec votre grâce, et je suis assez riche Je ne demande rien de plus.

Ainsi soit-il.

(300 Jours d'Indulgences.)

A la plus grande gloire de Dieu

LA VIE ILLUSTRÉE

DE

SAINT IGNACE

Texte français

1. Au siège de Pampelune, Ignace a la jambe brisée par un boulet.
2. Pendant sa maladie. saint Pierre lui apparaît et le guérit.
3. En lisant les vies des Saints, il prend la résolution de se donner tout entier au service de Dieu.
4. Tandis qu'il se consacre à Dieu en invoquant la sainte Vierge, celle-ci lui apparaît portant l'enfant Jésus.
5. Pendant que prosterné en prière, il renouvelle son offrande, toute la maison tremble et les murailles se fendent.
6. Il prend congé de tous les siens et se rend en pélerinage à Notre Dame de Montserrat.
7. Il poursuit un cavalier Maure qui blasphémait le nom de la sainte Vierge : Emporté par son cheval dans un autre chemin, il renonce à son dessein.

8. Il se consacre à la sainte Vierge par le vœu de chasteté perpétuelle.

9. Il fait la veillée des armes spirituelles dans l'Église de Montserrat et y suspend en *ex voto* ses armes de chevalier.

10. Retiré dans la solitude il persévère dans la prière en dépit des démons qui lui apparaissent sous des formes de serpents.

11. A Manrèse, il vit au milieu des pauvres, se met à leur service et en retire plusieurs du vice.

12. Chaque jour il passe sept heures entières en prière et se flagelle trois fois.

13. Pour triompher des scrupules, il passe sept jours entiers sans prendre aucune nourriture.

14. Dans l'église des Dominicains, il a une vision de la Très Sainte Trinité.

15. Assistant à la messe dans la même église il voit Jésus-Christ dans la sainte Hostie.

16. Il a de fréquentes apparitions du Sauveur et de sa Sainte Mère.

17. Il reste plongé en extase pendant sept jours entiers.

18. A Manrèse, il reçoit d'en haut d'admirables connaissances des choses divines et humaines.

19. Dans la grotte de Manrèse, il écrit, sous des inspirations célestes, le livre des Exercices.

20. Au moment de s'embarquer pour l'Italie, il jette sur le rivage l'argent qui devait lui servir de viatique.

21. Près de Padoue, le Sauveur lui apparaît et le fortifie contre les épreuves de son voyage.

22. Tandis qu'Ignace dort sous le portail de Saint-Marc à Venise, un noble sénateur averti par Dieu vient lui offrir l'hospitalité dans son palais.

23. Pendant son voyage à Jérusalem, les matelots, qu'il

a repris de leurs vices, veulent l'abandonner dans une île déserte.

24. Le Sauveur lui apparaît plusieurs fois pour le consoler.

25. Ignace visite avec une grande dévotion tous les Lieux-Saints.

26. A son retour du Mont des Oliviers il est accablé de coups par un Maure.

27. Il repasse en Espagne sur un mauvais vaisseau qui est miraculeusement sauvé de la tempête.

28. A Ferrare il distribue aux pauvres toutes les aumônes qui lui sont offertes.

29. En traversant un camp espagnol, il est dépouillé de ses vêtements par les soldats, et voit Jésus-Christ, l'encourageant aux humiliations.

30. A l'âge de trente-trois ans, il se met avec les petits enfants à l'étude de la grammaire.

31. Il est battu par des libertins pour s'être opposé à leurs désordres.

32. Un homme qui s'était pendu par désespoir est rappelé à la vie par les prières d'Ignace.

33. Ravi en extase, élevé au-dessus du sol dans une grande lumière, il s'écrie : O SEIGNEUR, *si les hommes vous connaissaient :* »

34. Jeté en prison par des calomniateurs, il répond à ceux qui le visitent : Il n'y a pas dans la ville tant de chaînes que je n'en désire encore davantage. »

35. Un homme ayant déclaré qu'il voulait être brûlé lui-même si le Saint ne méritait pas le bûcher, périt le jour même dans sa maison incendiée.

36. Calomnié à Paris et condamné aux verges, il voit son innocence reconnue et le Recteur de l'Université lui demander pardon.

37. Il prend comme premiers Compagnons neuf étudiants de l'Université de Paris.
38. Un assassin en entrant dans la chambre d'Ignace, est arrêté par cette voix du ciel » Ou vas-tu, malheureux?
39. Ignace et ses Compagnons prononcent leurs vœux dans le Sanctuaire de Montmartre.
40. Pour arrêter un libertin courant à ses désordres, il se plonge dans l'eau glacée et convertit ce jeune homme.
41. A son retour en Espagne, une grande affluence de peuple est attirée à lui par le renom de sa sainteté.
42. Tout malade qu'il est, il prêche au peuple en plein air et sa voix se fait entendre à trois cents pas de distance.
43. Il guérit par ses prières un épileptique.
44. Par le signe de la croix il guérit plusieurs énergumènes.
45. Il rend la santé à une femme atteinte de phthysie.
46. En lavant les vêtements d'Ignace, une femme sent revenir le mouvement dans son bras paralysé.
47. L'Evêque de Venise confère le sacerdoce à Ignace et à ses compagnons.
48. Ignace guérit Simon Rodrigues en l'embrassant.
49. Un des compagnons d'Ignace s'apprêtant à fuir, un cavalier lui apparaît le menaçant de son épée et lui criant : « Homme de peu de foi, pourquoi as-tu douté? »
50. Dieu révèle la sainteté d'Ignace à un solitaire qui avait des préventions contre lui.
51. Ignace, se rendant à Rome, voit le Père Eternel qui lui montre Jésus-Christ chargé de sa croix, et lui dit : « JE VOUS SERAI PROPICE A ROME. »
52. Il célèbre sa première messe devant la crèche du

Sauveur, s'y étant préparé pendant dix-huit mois à partir du jour de son ordination.

53. Le Pape Paul III, ayant lu le plan de l'Institut présenté par Ignace, s'écrie : « Le doigt de Dieu est là » et il confirme l'établissement de la Compagnie (1540).

54. Ignace inspiré de Dieu envoie François-Xavier aux Indes.

55. Elu malgré lui Général, il s'engage, lui et sa Compagnie, par un quatrième vœu, à l'obéissance spéciale au Souverain Pontife.

56. François-Xavier plein de vénération pour Ignace ne lui écrit qu'à genoux.

57. Ignace ranime à Rome la ferveur dans les prédications, la pratique des sacrements, l'éducation chrétienne des enfants, etc.

58. Ignace, calomnié par plusieurs, se voit justifié devant le Pape par les attestations des plus hauts personnages.

59. Se rendant à Saint-Pierre pour obtenir par ses prières le rétablissement du P. Codure, il s'arrête sur le pont Sixte, disant : « Revenons, notre frère vient d'aller à Dieu. »

60. Il institue à Rome un grand nombre de bonnes œuvres et de grands colléges.

61. Il écrit les Constitutions de la Compagnie sous l'inspiration de nombreuses apparitions de la T. S. Trinité et de la Sainte Vierge.

62. Il convertit un Juif en lui adressant ces paroles : « Isaac, reste avec nous. »

63. Pendant la nuit il est souvent frappé par les démons.

64. A la vue du ciel étoilé il s'écrie souvent : « Que la terre me semble vile, quand je regarde le ciel ! »

65. Pendant qu'il célèbre la messe, un globe de feu apparaît sur sa tête.

66. Il jette au feu des lettres qui lui arrivent de sa famille pendant qu'il est en oraison.

67. Animé de l'esprit de prophétie, il prédit les choses futures ; il annonce à une femme qu'elle va bientôt voir la Sainte Vierge dans le Ciel.

68. D'un simple geste fait avec son bâton, il chasse le démon qui lui apparaît sous la forme d'un serpent lumineux.

69. Plusieurs fois saint Philippe de Néri voit son visage éclairé d'une lumière céleste.

70. Il apparaît à son ami Petronius et le guérit d'une maladie.

71. Les Pères du Collège de Lorette délivrent leur maison des démons en lisant une lettre de saint Ignace.

72. Un des Pères de Germanie désirant venir à Rome pour voir Ignace, celui-ci se montre miraculeusement à lui.

73. Ignace meurt saintement à Rome. Au même instant une noble et sainte femme, résidant à Bologne, le voit élevé au Ciel dans une grande gloire.

74. De nombreuses guérisons sont opérées par l'attouchement de son corps.

75. Pendant ses obsèques l'on voit paraître des fleurs et des étoiles lumineuses dans son cercueil ; des concerts célestes se font entendre dans l'air.

76. Le Pape Grégoire XV inscrit Ignace au catalogue des Saints.

77. Saint Ignace fondateur de la Compagnie de Jésus.

78. Notre-Dame du Cœur, dont saint Ignace porta l'image sur sa poitrine depuis son séjour à Manrèse jusqu'à l'heure de sa mort.

PETITE VIE ILLUSTRÉE

DE

N. S. JÉSUS-CHRIST

Saint Ignace veut que ses disciples se mettent perpétuellement sous les yeux la vie et les exemples de Notre Seigneur. C'est dans cette pensée que l'on place ici les principaux traits de la vie de Jésus-Christ.

Troisième prélude des Méditations de la deuxième et de la troisième semaine :

« Je demanderai la grâce de connaître intimement Notre Seigneur, afin que je l'aime plus ardemment et que je le suive avec plus de ferveur. »

Un seul Dieu en trois personnes, Père, Fils et Saint-Esprit. Le Père, tout puissant et éternel, engendre de toute éternité son Verbe, qui est le Fils, Dieu comme son Père ; du Père et du Fils procède éternellement le Saint-Esprit, qui est leur amour substantiel.

—

L'Immaculée Conception de la Très Sainte Vierge. C'est la nouvelle Eve, choisie par Dieu, annoncée par les prophètes, qui doit commencer l'œuvre de notre rédemption, comme l'ancienne Eve a commencé celle de notre ruine.

—

L'ange Gabriel prédit à Zacharie la naissance de Jean-Baptiste, précurseur de N.-S. Jésus-Christ.

—

L'ange Gabriel annonce à la Vierge Marie qu'elle concevra le Sauveur par la vertu du Saint-Esprit. La Très Sainte Vierge répond : « Je suis la servante du Seigneur, qu'il me soit fait suivant votre parole. » — Et le Verbe éternel s'est fait chair, et il a habité parmi nous.

—

Après l'Annonciation et l'Incarnation de Notre-Seigneur, la Sainte Vierge rend visite à Elisabeth, sa cousine, qui doit être la mère de saint Jean-Baptiste, le précurseur de Jésus-Christ. Celle-ci salue la Mère de Dieu, et Marie, pour lui répondre, entonne son sublime cantique d'actions de grâce : *Magnificat anima mea Dominum.*

—

Jésus-Christ, Fils éternel de Dieu, naît à Béthléem, cité de David, au temps marqué par les Prophètes.

La Vie de N. S. Jésus-Christ. — La Naissance.

La Sainte-Enfance de N. S.

Le huitième jour, le Sauveur reçoit le nom de Jésus qui avait été annoncé par l'Ange, nom puissant devant lequel tout genou doit fléchir dans le Ciel, sur la terre et dans les enfers.

———

Le Saint Nom de Jésus : « Il n'y a pas d'autre nom, dit saint Paul, par la vertu duquel les hommes doivent être sauvés. »

———

Une étoile miraleuse appelle les Mages, princes de l'Orient, qui représentent toutes les nations du monde conviées au salut. Ils quittent leur patrie ; ils viennent reconnaître, comme Dieu le Sauveur nouveau-né, et lui offrir de l'or, de l'encens et de la myrrhe.

———

Le quarantième jour, Jésus est, suivant la loi, présenté au temple, racheté moyennant deux colombes, et célébré par le saint vieillard Siméon comme étant le salut promis à toutes les nations de l'Univers.

———

Sur l'ordre de l'Ange, Jésus fuit en Egypte pour échapper à la colère d'Hérode qui veut le faire périr. Après sept ans d'exil, sur un nouvel ordre de l'Ange, il revient en Judée.

———

A l'âge de douze ans, Jésus accompagne ses parents allant à Jérusalem pour la fête de Pâques. Il reste trois jours dans le temple, conversant avec les docteurs, et les étonnant par la sagesse de ses réponses.

———

Sa mère lui dit : « Nous vous cherchions tout affligés, votre père et moi. » Il leur répondit : « Ne saviez-vous pas qu'il faut que je m'emploie aux choses de mon Père. » Et étant parti avec eux, il retourna à Nazareth.

———

Rentré à Nazareth, Jésus est soumis à Joseph son père nourricier et à Marie sa mère. Pendant tout ce temps, il exerce l'humble métier de charpentier.

A l'âge de trente ans Jésus-Christ commence sa vie publique par un acte d'humilité. Il reçoit des mains de saint Jean-Baptiste le baptême de la pénitence. Le Saint-Esprit descend sur lui en forme de colombe, et une voix résonne dans le ciel : « Celui-ci est mon Fils bien-aimé. »

—

Jésus quitta le Jourdain et il fut conduit par le Saint-Esprit dans le désert, pour être tenté par le démon. Il y vécut pendant quarante jours et quarante nuits, et nous apprit par son exemple à triompher de la triple concupiscence.

—

Il est écrit (dit le démon à Jésus) : Il a chargé ses anges du soin de votre personne, et ils vous porteront dans leurs mains, de peur que votre pied ne heurte contre quelque pierre.

—

Aux noces de Cana, en Galilée, Jésus, à la prière de sa mère, changea l'eau en vin, et ses disciples, témoins de son premier miracle, crurent en lui.

—

Jésus, étant monté dans la barque de Simon, le pria de s'éloigner un peu du rivage, et s'étant assis il instruisait le peuple.

—

Dans le sermon sur la montagne, il résume toute la doctrine de l'Evangile et proclame les huit béatitudes.

Exemples. — Premiers Miracles. — Prédication de N. S.

Vocation des Apôtres. — Enseignements. — Miracles.

Passant le long de la mer de Galilée, Jésus vit Simon et André, son frère, qui jetaient leurs filets dans la mer. Il leur dit : Suivez-moi, je ferai de vous des pécheurs d'hommes.

—

Dans un entretien avec Nicodème, un des principaux docteurs, il enseigne la nécessité du baptême, et le mystère de la Rédemption de l'homme par la croix.

—

Il chasse les démons du corps d'un grand nombre de possédés.

—

Il guérit un paralytique qu'on lui descend par le toit, car la foule était si grande qu'on ne pouvait le faire entrer par la porte de la maison.

—

Jésus rencontre la veuve de Naïm qui suivait en pleurant le corps de son fils conduit au cimetière. Il est touché de compassion, et ayant fait arrêter le convoi, il rend le jeune homme vivant à sa mère.

—

Ayant assemblé les douze Apôtres, Jésus leur donna un pouvoir absolu sur les démons, et la puissance de guérir toutes les maladies. Il les envoya deux à deux.

A deux reprises, Jésus multiplie miraculeusement les pains et les poissons pour nourrir une immense multitude qui l'avait suivi dans le désert.

—

Il marche sur les eaux du lac de Génézareth, et en retire saint Pierre près d'être noyé pour avoir douté de la puissance de son maître.

—

Jésus donne à saint Pierre la juridiction sur toute l'Eglise en lui remettant les clefs du ciel; il lui confie l'administration de toute l'Eglise en lui disant, après sa résurrection, « pais mes brebis, pais mes agneaux. »

—

Sur le mont Thabor, il donne à ses disciples une idée de la vie bienheureuse et de la gloire future, en apparaissant transfiguré dans la lumière en compagnie de Moïse et d'Elie.

—

Les disciples, de retour de leur mission, dirent tout joyeux à Jésus : « Les démons nous sont assujettis par la vertu de votre nom. » Le Sauveur, pour les garder dans l'humilité, leur rappela le châtiment de l'orgueil, en disant : « J'ai vu Satan tomber du ciel comme un éclair. »

—

Sous la figure du bon Samaritain, qui soigne un blessé tombé sur la route, il peint sa bonté divine qui est venue relever l'homme tombé par le péché.

Suite des Enseignements et des Miracles.

Derniers Enseignements. — Préparation à la Passion.

Dans la parabole du père de famille et de l'enfant prodigue, Jésus montre l'infinie miséricorde de Dieu envers les pécheurs sincèrement repentants.

—

Jésus bénit les petits enfants. Il déclare que, pour entrer dans le ciel, il faut imiter leur innocence et leur simplicité.

—

Quelques jours avant sa passion, en présence d'un grand nombre de Juifs, il ressuscite son ami Lazare, mort et enterré depuis quatre jours.

—

Six jours avant la Pâque, Jésus entre en triomphe dans la ville de Jérusalem. Une grande multitude se rend à sa rencontre portant des rameaux en criant : « Hosanna, gloire au Fils de David. »

—

Il recommande l'humilité et la simplicité à ses Apôtres, et s'abaisse jusqu'à leur laver les pieds, pour signifier avec quelle pureté on doit s'approcher de la sainte Communion et pour leur apprendre à se faire, à son exemple, les serviteurs de tous.

—

Quelques heures avant d'être trahi par Judas, il institue la Sainte Eucharistie et revêt ses Apôtres du sacerdoce, pour renouveler perpétuellement sur terre l'offrande du sacrifice de la Croix.

Il se rend ensuite dans le Jardin de Gethsémani. Prosterné en prière, et se chargeant devant son Père de tous les péchés des hommes, il entre dans une cruelle agonie et sue du sang, qui baigne ses vêtements et la terre.

—

Jésus est flagellé cruellement à coups de fouet comme un esclave ; c'est pour expier les plaisirs coupables auxquels nous avons fait servir nos sens.

—

Il est couronné d'épines par dérision : c'est pour expier notre orgueil.

—

Jésus est conduit successivement devant Anne et Caïphe, enfin devant Pilate gouverneur de la Judée. Ce juge inique le déclare innocent, et néanmoins, pour garder la faveur de César et sa propre place, il condamne Jésus à mort.

—

Chargé de sa croix, il se rend au Calvaire. Il rencontre sa sainte Mère. Marie, nouvelle Ève, gravit la montagne avec Jésus, le nouvel Adam, pour expier, par leur obéissance, le péché de nos premiers parents.

—

Attaché à la croix entre deux voleurs, il expire au milieu des plus cruelles souffrances. Le ciel s'obscurcit, la terre tremble et la nature entière publie sa divinité.

La Passion de N. S.

Mystères de la Résurrection.

Le troisième jour après sa mort, Jésus-Christ sort glorieux du tombeau comme il l'avait annoncé. C'est le mystère que nous célébrons dans la grande fête de Pâques.

—

L'apôtre Thomas ayant refusé de croire au témoignage de ceux qui avaient vu Jésus ressuscité, le Sauveur daigne lui apparaître devant les autres, et lui faire toucher les saintes plaies reçues dans sa passion.

—

Jésus, ayant apparu sous l'aspect d'un voyageur aux apôtres d'Emmaüs, accepte leur hospitalité, puis se fait reconnaître à eux par la fraction du pain Eucharistique.

—

Jésus-Christ ressuscité apparaît à ses disciples près du lac de Tibériade, après s'être fait reconnaître par la pêche miraculeuse, il institue Pierre chef de toute l'Eglise en lui ordonnant de paître ses agneaux et ses brebis.

—

Il donne à ses Apôtres et à ses disciples un dernier rendez-vous sur le mont des Oliviers, les bénit, et en leur présence, s'élève vers le ciel, puis disparaît à leurs yeux, le jour de l'Ascension.

—

Le jour de la Pentecôte, Jésus envoie le Saint-Esprit à ses Apôtres. Ceux-ci prêchent le jour même à une grande multitude de peuple, et l'Eglise de Jésus-Christ est fondée.

—

D'après une tradition très-certaine dès l'origine de l'Eglise, la Tr-S. Vierge, est ressuscitée du tombeau, et enlevée au Ciel, auprès de son divin Fils, le troisième jour après sa mort.

—

La Très-Sainte Vierge est couronnée dans le Ciel, Reine des Anges et des Saints ; elle est établie par son divin Fils avocate des hommes, et refuge assuré des pécheurs.

TABLE

—

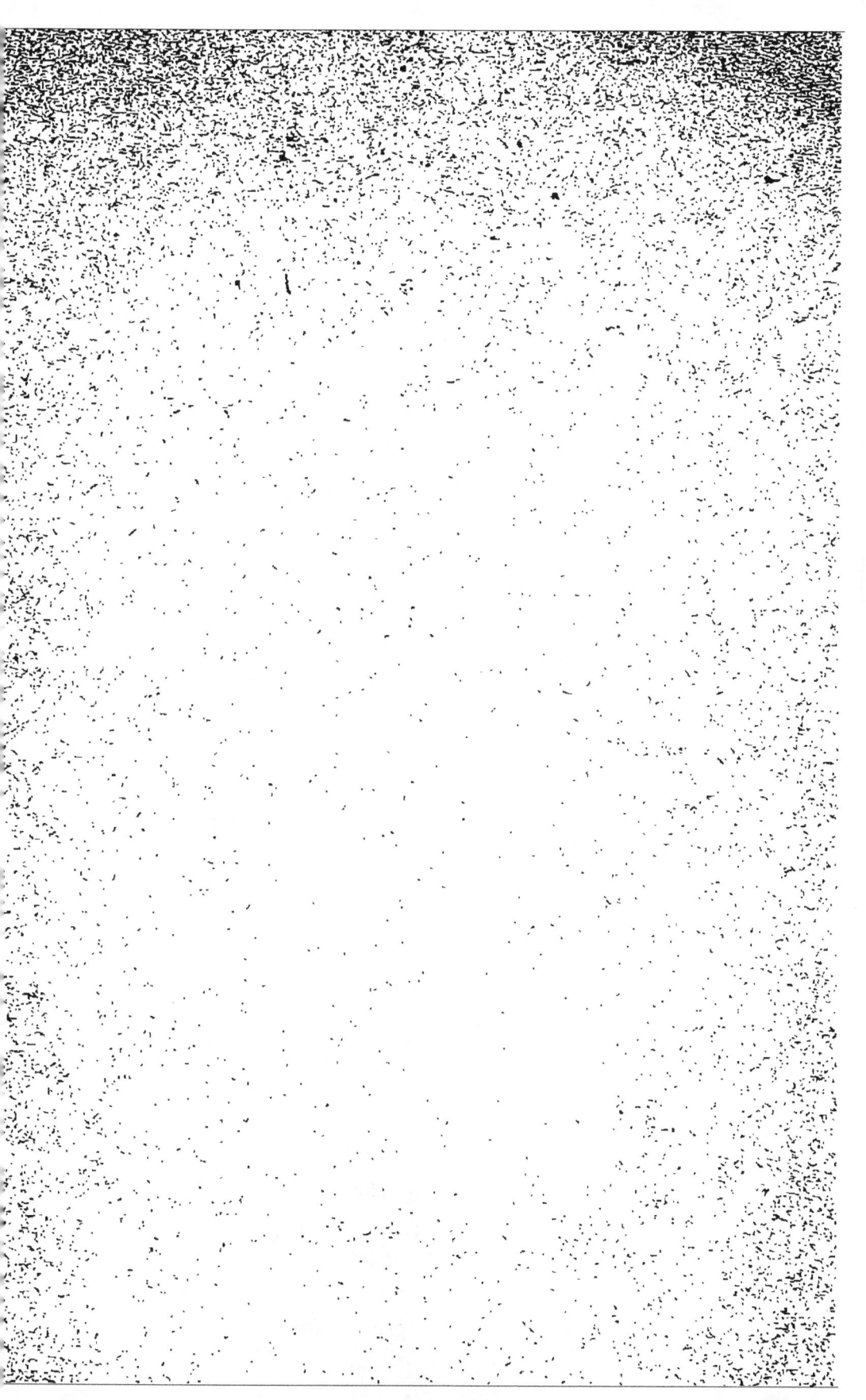

Chez M. C. PAILLART, Imprimeur-éditeur, Abbeville (Somme)

PROPAGANDE CATHOLIQUE

LE PAROISSIEN POPULAIRE

ILLUSTRÉ

Par le P. VASSEUR

720 pages, 720 planches, renfermant 1,200 scènes et 400 dessins de fleurs

La première édition, de 10,000 exemplaires

(devant paraître à Pâques 1886)

EST OFFERTE EN PRIME

à MM. les Membres du Clergé et aux Librairies catholiques
au prix de la seule impression
moyennant une souscription de **150** fr. pour cent exemplaires
brochés, payables sur réception de l'envoi fait contre remboursement.

Le prix de la deuxième édition sera doublé

L'ART CHRÉTIEN POPULAIRE

ET DESCRIPTION

DU PAROISSIEN POPULAIRE ILLUSTRÉ

Dédié à MM. les Membres du Clergé

PAR A. VASSEUR S. J.

In-32, 72 pages illustrées

Prix de cette Brochure : **40 c.**
Prix spécial pour la Propagande : **20 fr. le cent**

Prière d'adresser les souscriptions, dans un court délai,